LA GUERRE
DE L'OPERA.

LETTRE ECRITE
A UNE DAME EN PROVINCE,

Par quelqu'un qui n'est ni d'un Coin, ni de l'autre.

Par Cazotte

1753.

LA GUERRE
DE L'OPERA.

Lettre à une Dame de Province.

MADAME,

Le feu est dans tous les *Coins* de l'Opéra. La Musique Italienne y est aux prises avec la Musique Françoise. Imaginez tous les desordres d'une guerre en même tems étrangere & civile. Des intrigues, des brigues, des factions, des cabales, des hauts, des bas, des révolutions étonnantes; la fortune déclarée d'abord pour l'étranger sans se donner le tems de choisir, chancelante ensuite entre les deux partis, pour se livrer bien-tôt à nous, sans trop sçavoir pourquoi. Des joies outrées, des yvresses, des triomphes passagers, des chûtes inopinées, des projets fols, des desespoirs extravagans. Voilà le foible crayon de ce qui vient de se passer sous nos yeux au Théatre lyrique. L'intérêt que votre goût pour ce spectacle doit vous faire prendre à tous ces mouvemens, vous en fera sans doute lire avec plaisir la Gazette.

On accueillit sur la fin de l'Eté deux Acteurs Italiens Bouffons, faisant partie d'une Troupe de ce genre, égarée à Strasbourg. Ce n'étoit point sans doute pour tenter le goût du Public sur ce nouveau genre de plaisir. Ces Bouffons représenterent en premier lieu sur le Théatre de l'Opera une de ces petites Pieces en deux actes, qui portent chez eux le nom d'*intermedes*. L'ouvrage est d'un Musicien très-estimé.

On le reçut d'abord avec assez de froideur. Il avoit été représenté six ans auparavant sur le Théatre des Comédiens Italiens de façon à ne pas laisser de lui des préventions agréables. La nouvelle exécution lui fut plus avantageuse : peu-à-peu les oreilles se firent à cette Musique, les *connoisseurs* se déclarerent pour elle. Ceux qui veulent passer pour l'être, les suivirent à ce spectacle avec les curieux, les oisis, & le corps de la nation.

On donna successivement deux nouveaux intermedes, dont la Musique pouvoit n'être pas d'une main si nerveuse & si saillante; mais qui étoient agréables, & dont le Poeme avoit ou un peu plus d'intrigue ou plus de variété.

Ces différentes scenes étoient représentées par un Acteur & une Actrice. L'Acteur a un masque excellent pour le Comique;

il outre continuellement la vérité : mais comme il passe toujours par elle pour tomber dans la charge, on sent qu'il ne tiendroit qu'à lui de s'arrêter en chemin ; il a de la précision & du savoir dans son art, sa voix n'est ni forte ni flatteuse, ni naturelle. Il semble ne point connoître le beau goût du beau Chant Italien ; aussi n'est-ce pas le droit de sa charge : ce n'est qu'un Bouffon.

L'Actrice est d'une taille au-dessous de la médiocre, jeune, ayant de la finesse & du jeu dans la phisionomie, de l'intelligence. Elle bat la planche à la façon de son pays, avec de petites graces estropiées, mais qui cependant chez elle sont des graces. Sa voix a peu de corps ; elle est légere, sonore & juste.

Ce sont-là, Madame, les ouvrages & les sujets dont les succès ont paru menacer notre Chant François, & en particulier notre Opéra d'une chûte prochaine & absolue. Vous eussiez oui pousser tout à l'extrême, épuiser tous les superlatifs de la langue & le néologisme à la mode en faveur des Bouffons, en même tems qu'on accabloit notre Musique de mépris & d'invectives.

Le monologue qui précede le sommeil de Renaud. Sa premiere scene avec Armide dans le cinquième acte de cet Opéra de Lully, le *clair flambeau du monde* de M. *Rameau*, tant d'autres belles choses que nous devons à ces deux fameux Compositeurs, & à quelques-uns de ceux qui les ont pris pour modele, étoient traités de Plein-chant digne à peine de la barbarie des Eglises d'Allemagne.

Cette volupté que réunit à l'Opéra l'ensemble d'une scene adroitement filée, d'une situation touchante, d'un dénouement heureux, d'un Ballet bien amené, & dansé par l'élite de ce que les deux sexes ont de plus parfait dans ce genre pour les graces & la figure, ce tableau secondé d'une décoration fraîche & riante ; tout cela, dis-je, ne devroit plus faire d'effet sur nous.

Un *Allemand* avoit imaginé que nos Danseurs exécutoient de mauvaise grace, que notre Chant ne rendoit point l'expression de notre Langue. Et trois *Géometres* avoient calculé que le tout, joint ensemble, ne pouvoit pas faire une somme complette de plaisir.

Cela peut être vrai pour les *Géometres*. J'ai oui-dire qu'on ne les faisoit éternuer qu'avec de la bétoine. Puisqu'ils sont si durs à émouvoir, les croyez-vous faits pour mesurer nos amusemens ?

C'étoient-là, Madame, les principaux factieux qui s'étoient soulevés contre le sceptre de l'Opéra. Comme ils ont de l'esprit & des connoissances, ils fournissoient des raisons à tous ceux qui s'étant jettés dans leur parti par inconstance, cherchoient à s'autoriser dans leur désertion, & à entraîner les autres.

Nos Apôtres de l'Italie, pour mieux raffermir leurs néophites, s'érigerent bien-tôt en petits Prophetes. S'ils eussent pû, ils auroient fait des miracles.

Je vous envoie un exemplaire de leurs Prophéties, supposant que cette nouveauté n'a pas encore percé dans votre Province. Il y a plus que de la hardiesse dans le plan, de la finesse & du badinage dans l'exécution, de la partialité dans les décisions; & ce qui caractérise enfin & toujours les faux Prophetes, beaucoup de fanatisme, & quelquefois de la mal-adresse.

Vous y verrez *Lully* traité indignement : on y rend à *Rameau* une justice qui seroit beaucoup plus flatteuse pour lui, si on ne la refusoit pas à son prédécesseur & à son rival.

On y loue beaucoup M. *Jeliote*, qui ne sauroit être trop loué ; Mlle *Fel* qui mérite sans doute de grands éloges ; & on oublie Mlle *Lemaure*, dont on auroit pû parler, quoiqu'elle ne chante plus à l'Opéra, pour ne pas se souvenir d'Amadis, où elle disoit avec tant de dignité : *Vous, vainqueur d'Amadis !*

Enfin, Madame, on tourne cruellement en dérision un Acteur dont, à la vérité, la voix foiblit ; mais qui par ses longs services & la supériorité de ses talens, a mérité des égards de la part du public.

Nos Illuminés proscrivent de l'Opéra l'imagination & la féerie. Veulent-ils les loger au Théatre François ? car sans doute ils les logeront quelque part. Les Auteurs de la brochure, que l'imagination & la féerie ont quelquefois si bien servi, tout Géometres qu'ils sont, n'ont pas l'ingratitude de vouloir entierement les exiler de tous les Spectacles ; & ce seroit les envoyer dans un véritable exil, que de les reléguer chez les Comédiens Italiens, & à la Foire où elles ne vont guere qu'en partie de débauche.

En attendant qu'on décide sur ce qu'ils proposent au sujet de la féerie, je demande grace au nom de toute la nation pour Armide, Rolland, Amadis de Gaule, & Zelindor.

Quant aux Dieux du Paganisme, qui n'ont plus d'autels qu'à l'Opéra, je ne vois pas l'intérêt qu'ont les *Géometres* à les en chasser. Ils ne leur causent point d'embarras ; pourquoi les troubler dans leur petite Jurisdiction ?

D'ailleurs, tout altérés que soient au Spectacle de l'Opéra les rites & les cérémonies des Anciens, ce qu'on y en voit pique ma curiosité. Je sens bien ce qu'on pourroit faire de plus pour la satisfaire ; mais je me contente de ce que je trouve-là ; & les images toutes imparfaites qu'elles sont, me plaisent plus que ce que je pourrois lire à ce sujet dans *Sethos*, ou dans quelque livre encore plus ennuyeux.

Je me laiſſe emporter, Madame, & ma digreſſion vous fait perdre de vûe les intermedes Italiens, attaquant l'Opera François dans ſon propre ſanctuaire & avec le ſecours de ſon orqueſtre. Il eſt vrai que ce dernier n'a combattu que comme font les auxiliaires, quand ils ne doivent point avoir de part au butin.

Vous penſez, Madame, que l'Opera dut faire alors bien des efforts. Non, il s'eſt conduit en politique, en abandonnant pour quelques mois les choſes au torrent. On jouoit alors *Acis & Galathée*. M. *Jeliotte* chargé de repréſenter Acis, ſe laſſa bientôt d'un rolle qui n'avoit rien de brillant; & dès qu'il fut retiré, qu'on fut revenu de l'étonnement dans lequel jettoit la figure de M. *Chaſſé* repréſentant Polyphème au haut du rocher, le Public eût abandonné le ſpectacle, ſi la curioſité de voir les Bouffons ne l'y eût retenu.

Les Directeurs de l'Opera attendoient, pour frapper les grands coups, le premier moment où Paris tomberoit dans la laſſitude qui devoit ſuivre ſon accès; car ils regardoient la maladie du Public comme une fièvre. Je crois même que c'eſt parce qu'ils ont penſé qu'il falloit le faire dormir, & que cela étoit bon pour ſon mal, qu'ils ont remis le Ballet d'Aréthufe, où les gens qu'on deftine à amufer un jour la nation, venoient prendre trois fois la femaine leur leçon, depuis fix heures jufqu'à huit, en habit de Théatre. Notre ennemi devoit trouver ce procédé bien méprifant de notre part.

Enfin on fe réfout à porter les premiers coups. Ce n'eft point M. *Rameau* qu'on choifit pour athlete ; l'Opera n'a pas voulu qu'il fût dit, qu'il a été contraint à faire marcher fon corps de réferve. Les premiers honneurs de la Lice furent pour les Fêtes de Tempé, Ballet héroïque de M. *Dauvergne* ; ce font les prémices de ce Muficien pour ce fpectacle. La compofition en eft correcte & fçavante ; mais il n'a ofé prendre l'effor, & l'on peut reprocher à fa Mufique de fentir l'Ecole, quoiqu'elle ne fente jamais l'Ecolier.

L'ouverture eft belle, la fugue eft un chef-d'œuvre dans ce genre, fes airs de violon font pleins de feu & de caractere ; mais fes Ballets ont tous le défaut d'une Fête donnée à contre-tems. C'eft la faute du Poeme, dont on peut dire (permettez-moi l'expreffion baffe) qu'ils fent le cadavre ; auffi eft-ce l'ouvrage pofthume d'un homme qui eft *très-mort*.

Ce Ballet, Madame, qui a bien fon mérite, a eu le fort d'une premiere colonne qui attaque un front d'armée. Il a effuyé un feu impitoyable de la part des critiques forcenés ; mais comme il se ralliot par pelotons, & venoit toujours à la charge avec sa passacaille & la fête de sa quatrième entrée, il s'est fait jour à travers bien des têtes, & a commencé à maintenir l'égalité des armes.

Les Italiens se sentant presser, donnent un nouvel intermede ; tous leurs Acteurs doivent y jouer. Les trompettes ont déja annoncé un Acteur, entr'autres, d'un talent supérieur, & qui avoit ravi tous les suffrages dans les premiers Concerts de France.

La toile se leve, le Spectacle commence ; la farce Italienne étoit misérable pour la conduite, le Chant moins varié que celui des précédens intermedes.

On voit des Acteurs dépourvûs, je ne dis pas de graces Françoises ; on peut n'en avoir pas l'air & les manieres ; mais les belles habitudes du corps sont de tout pays. Du reste rien ne dédommageoit en eux de la mauvaise contenance.

Enfin paroît ce chanteur si vanté, dont la voix fit peu de plaisir, dont l'état causa à la plus intéressante partie de l'assemblée un dégoût mêlé d'indignation, & fit pitié à tout le reste.

Les étrangers perdirent la bataille, & l'on connoît la conséquence de la perte d'une bataille en pays ennemi. Comme ils ont de grands Capitaines, on se rallia; & du fond de l'antre qui est sous la loge de la Reine, nos Géometres firent en faveur des vaincus un feu vif, & soutenu de brochures & d'épigrammes, sans oublier les corrollaires. Mais tous leurs efforts ne rappelloient pas à l'Opéra les femmes & les gens à lorgnettes, qui composent la moitié du Spectacle, & qui s'étoient retirés.

Les Directeurs profitant à propos de ces momens décisifs, font avancer sur la scene M. de *Mondonville* armé d'un Ballet héroïque en trois actes, qu'on nomme *Titon & Aurore*. Je quitte le style de Gazetier, pour essayer de vous donner l'idée d'un ouvrage qui fait ici un très-grand bruit, & qui servira d'époque à la fixation du goût des François en faveur de leur Musique.

Les paroles du Poëme sont du même Auteur, qui avoit fait Zaïde. Comme il est mort depuis dix ans, elles ont été retouchées par plusieurs gens d'esprit. Elles ont assez de naturel, on y trouve des choses agréables. La charpente en est pareille à celle des derniers Opéra de M. de *Lamotte*. Ce sont deux Amans traversés par deux jaloux. Quoique l'intrigue n'ait rien de neuf, comme elle marche tout doucement à son dénouement, qu'il y a quelque intérêt, on peut placer cet ouvrage dans la classe des Opéra passables. Venons à la Musique. L'ouverture est foible. Les connoisseurs la trouvent aussi pleine de fracas que vuide d'harmonie. Il y a quelques traits qu'on seroit tenté de prendre pour des saillies de mémoire. Il y a trop de bisarrerie, ou pour mieux dire, trop peu de dessein.

Les ouvertures étoient autrefois des Pieces assez indifférentes. Elles sont devenues des espéces de défis pour les Musiciens. Ils y font des essais de leurs forces. M. de *Mondonville* n'a pas été absolument heureux dans celui-ci.

Le prologue qui suit est absolument foible. Je ne dis rien du récitatif. Mais les symphonies & les airs ne caractérisent rien. Le premier chœur sent l'Eglise, & il est maigre. Celui qui termine la scene est chantant, mais fait sur un dessein trivial.

Je vous parois de bien mauvaise humeur; mais ne vous en allarmez pas, Madame, j'en vais changer en vous parlant du premier acte du Ballet. Il ouvre par un lever de l'aurore; la Musique qui l'annonce est peut-être le morceau le plus fleuri, le plus voluptueux que j'aie oui à l'Opéra. On croit en même tems voir épanouir les fleurs, tomber la rosée, entendre les gazouillemens des oiseaux, sentir le tressaillement de la nature aux approches du jour. La scene qui suit est écrite avec des graces & du naturel; elle est terminée par un duo qui ne laisse rien à desirer, & suivie d'une fête de pastres semée de petits airs tendres & légers, qui sont autant de miniatures. Rien ne vous étonne, & tout vous plaît. L'acte finit par une scene de force & de jalousie assez bien faite.

Une scene de même nature, & un peu ressemblante, commence à jetter de la froideur dans le second acte. Un chœur de vents plein de bruit & d'harmonie vient maîtriser l'attention du Spectateur.

Les gens du métier, en rendant justice à la beauté dont est ce chœur, disent qu'il n'est point assez caractérisé, & qu'il peut convenir indifféremment aux Titans, à des Démons, à des Ciclopes. Mais je crois qu'on peut s'en rapporter à l'impression générale pour juger du mérite de ce morceau de Musique.

Il y a dans ce second acte une fête champêtre moins agréable que celle du premier, quoiqu'il y ait de jolis airs de violon & des Ariettes chantantes.

Le troisième acte débute par un morceau sur le mérite duquel on n'est point d'accord. Pour que vous puissiez m'entendre plus aisément, Madame, je dois vous donner une idée du Poëme dans cet endroit.

Palès dédaignée par *Titon*, l'en punit en l'affligeant d'une vieillesse & d'une caducité anticipée. *Titon* se réveillant, voit dans les eaux d'une fontaine, au bord de laquelle il est endormi, les symptômes apparens de sa décrépitude, dont il sent en même tems tous les inconvéniens.

L'oreille ne sauroit décider de la valeur de la Musique, qui annonce le monologue par lequel l'Acteur doit rendre la surprise & les différens sentimens qui vont l'agiter. Il semble que le Musicien ait cherché à peindre le pénible & inutile effort que fait un octogénaire mourant pour arracher un phlegme de sa poitrine. Le monologue qui suit m'a paru bien fait.

Nous le jugerons plus sainement encore, quand il aura été traduit en langue vulgaire, c'est-à-dire quand M. *Jeliotte* aura cessé de le jouer, car jusqu'ici on appréhende que le grand Acteur n'ait fait illusion; ce qui feroit cependant penser que le Musicien a beaucoup de part au succès de cette scene, c'est que M. *Jeliotte*, malgré son art, n'a pû tromper le public sur la symphonie du rajeunissement. En effet quelque précaution qu'il prenne, on ne s'apperçoit pas que Titon revienne à vingt ans.

Le reste du Ballet n'a plus rien qui intéresse, ni qui pique. Les airs de violon en sont négligés; & si l'Opéra ne finissoit par une Ariette dans laquelle M. *Jeliotte* se surpasse, il y a bien des gens qui en sortiroient avec de l'humeur.

On peut dire que M. de *Mondonville* a

bien faisi dans cet ouvrage le goût de la nation pour les vaudevilles, les petits airs chantans & légers; il a même, par esprit de conciliation, cherché à donner quelquefois dans l'Italien. Cependant, Madame, en lui rendant justice, on ne peut regarder cet Opera-ci que comme un troisieme essai qu'il fait dans un genre encore nouveau pour lui. Le fond de l'harmonie, le travail des symphonies & des airs de violon ne répondent point en général à l'idée que nous nous sommes faite d'un homme à qui la France a pour le chant de l'Eglise l'obligation qu'elle a à M. Rameau pour celui du Théatre. Si ma décision vous paroît rigoureuse, l'Auteur en est plus que dédommagé par les flatteries outrées des enthousiastes de la Musique Françoise, des ennemis des boufons, & enfin de ceux qui ayant été leurs amis *à tout rompre*, viennent aujourd'hui comme le pauvre *Irus* boire avec les vainqueurs. On crie à la merveille & au prodige, on applaudit à l'Auteur à chaque représentation. M. *Rameau* n'eût jamais des instans si flateurs. C'est un peu de sa faute; il n'a pas la complaisance, quand il donne de ses ouvrages, de se venir prêter aux carresses du Public, seulement un quart d'heure par jour d'Opera.

On dit que le caractere de M. de *Mondonville* contribue beaucoup à ses succès.

Il n'a point d'ennemis, & il a des amis, même parmi ses rivaux. Il mérite de réussir, & il réussira sans doute bien plus par la suite; pourvû que ne se laissant point éblouir par ce succès, il reconnoisse de bonne foi ce qu'il doit au bonheur des circonstances; qu'il se défie de ces petites apothéoses passageres, qui éloignent les hommes de l'immortalité, quand ils se trompent au point de les envisager comme le véritable but auquel ils doivent tendre. L'illusion doit d'autant moins durer pour un homme raisonnable qu'il est bien-aisé de s'appercevoir dans toutes ces révolutions-ci (où le caprice & la mode ont beaucoup de part) que ceux qui font le plus de bruit, ont presque tous l'oreille en-dehors.

Enfin, Madame, l'Opera François triomphe. Il ne reste plus qu'à souhaiter qu'il use bien de sa victoire, qu'il se souvienne de la guerre des Romains contre les Samnites & des *fourches caudines*. Je crois que le trait vient à notre histoire; sur-tout, qu'à ce coup-ci les fourches n'en soient pas; qu'il accorde à son ennemi une composition honorable. Il doit être bien content; les Italiens qui occupoient le Théâtre lyrique de Paris pendant toute la semaine, & que les vœux des François appelloient dans toutes les Provinces, ne joüeront plus si souvent. Je crois que l'intérêt général est qu'on les y soutienne. En les en bannissant, on paroîtroit les craindre. Il faut montrer qu'on ne redoute point la comparaison ; nous attirerons par-là l'Etranger à notre Spectacle lyrique, il contractera l'habitude d'y venir, & entendra de la Musique françoise en dépit de lui-même. Car notre orchestre, quoiqu'exécutant de la Musique Italienne, quoique discipliné à l'Allemande, restera toujours dans le fond un orchestre François.

J'ai le bonheur, Madame, de n'avoir point pris de parti au milieu de tant de factions. Je m'amusois beaucoup de la Musique Italienne, & beaucoup plus des projets de ceux qui culbutoient, en idée, notre Opéra, pour mettre à sa place un spectacle dans une langue étrangere, dont il faudroit bien connoître les beautés, pour être en état de décider jusqu'à quel point le Musicien leur est fidele, où l'oreille seule est flattée, & tous les autres sens sacrifiés (car je maintiens que rien ne remplaceroit à nos yeux la décoration d'un chœur & d'un ballet bien habillé) : où le Public ne voit rien que de contraire à ses mœurs & à ses usages, que des Poëmes longs, irréguliers, dénués d'intérêts. J'enveloppe dans cette décision générale les ouvrages même de *Metastasio*; non que ses Tragédies ne soient remplies de chaleur avant de passer par les mains du Musicien ; mais la carriere que se donne celui-ci, refroidit nécessairement le spectateur, & le rend indifférent pour l'action qui se passe sous ses yeux. Dans nos Opéra bien faits, le récitatif marche rapidement. Les monologues entretiennent la chaleur ; quelquefois les Ariettes même aident la marche de l'action *. Je ne puis rien dire du récitatif italien. Ils disent qu'il est naturel, il est donc bon ? mais leurs scenes, leurs monologues, finissent toujours par des Ariettes, où le Musicien ne manque jamais de briller à contre-sens. J'en vais citer un exemple, & je le prends dans un endroit de l'Opéra d'Artaxerce, le plus admiré de l'Italie. Artaxerce vient de perdre son pere par un assassinat qu'il a vengé mal-à-propos sur son frere innocent, & qu'il est obligé de poursuivre aux dépens de la vie de son meilleur ami, frere de sa maîtresse, & qui paroît coupable. Voilà une situation violente. Le Poëte dit :

Dels' respirar la sciate mi
Qualche momento in pace
Capace di risolvere
La mia raggione non e.

Il n'y a rien de trop. Le Musicien joue impitoyablement sur tous les mots pendant un quart-d'heure.

* *Voyez le monologue d'Armide, celui d'Issé, & l'ariette chantée par Vertu me, dans le Ballet des Elémens, qui commence par Voyez dans ces vergers.*

Dans le même Opera, Arbace innocent, mais n'ofant le découvrir ; banni d'une Cour où il eſt amoureux ; cru coupable par ſa maîtreſſe de la mort d'un pere, chante cette belle ariette, *To ſol cando un mar crudele*, dit qu'il reſſemble à un homme qui eſſuie une tempête ſans voile & ſans cordages. Le Muſicien lui fait abandonner abſolument l'idée de ſon état, pour ſuivre à tire de goſier l'image de la mer agitée dans toutes ſes circonſtances, le tonnerre, les vents, les flots, &c. il eſt vrai que la peinture eſt auſſi belle que déplacée.

Quand nos héros ſe trouvent dans des ſituations violentes, l'image de la mer leur revient à l'eſprit ; mais voici ce que fait M. *Rameau* dans les Indes Galantes en pareil cas. Dans le morceau qui commence par *Vaſte empire des Mers*, le perſonnage y paroît livré à tous les ſentimens naturels, à l'état où il ſe trouve, & le Muſicien fait peindre par les ſymphonies d'accompagnement l'image qui fait la comparaiſon. Ce travail a droit de nous plaire, parce qu'il eſt ſage. Nous n'envions point aux étrangers le plaiſir qui réſulte pour eux de la violation des regles & des bienſéances ; c'eſt à elles que nous devons des chefs-d'œuvres dans tous les genres, & nous nous ſommes fait une loi de les reſpecter même ſur le Théatre, où on ſe permet le plus d'écarts.

Quand on nous proposeroit d'attirer sur notre Théatre les premiers Acteurs de l'Italie, combien n'aurions-nous pas à souffrir de leur maintien, avant qu'ils eussent pris cet air aisé qui caractérise chez nous jusqu'au peuple même, avec lequel nous naissons pour ainsi dire, que nous exigeons des hommes dans tous les états, & à la plus grande rigueur, des gens de Théatre ? Non, Madame, je ne crois pas que nous devions abandonner notre Théatre, & encore moins notre Chant ; il peint les passions comme elles se font sentir par nous, il a sa voix, son énergie. La nature est différente chez nous de ce qu'elle est chez les Italiens : chez eux l'amour est lascif, la gayeté minaudiere, & la colere convulsive. Nous avons bien une autre naïveté ; & quand nos Artistes imitent la nature, comme nous avons seuls l'objet de la comparaison dans nous-mêmes, nous sommes seuls juges capables de décider de leur travail. Ne croyez pas cependant, Madame, que je veuille ravaler la Musique italienne, en soutenant les droits de la nôtre. Je sçais que nous n'en avons presque point d'instrumentale, & que nos Auteurs peuvent beaucoup apprendre des Italiens pour ce qui est des accompagnemens travaillés & des symphonies. Nous n'avons rien en ce genre qui puisse être opposé à nos rivaux, ils sont nos maîtres ;

mais en les imitant dans les différentes parties, évitons de faire passer leur modulation dans notre Chant, & même dans les Ariettes; puisque, à moins d'avoir le goût le plus délicat, on se rencontreroit sûrement avec *Saggioni*, Auteur Italien, qui nous donna, il y a seize ou dix-sept ans, un Recueil de Chansons Italiennes sur des paroles Françoises, qu'on peut mettre au nombre des plates bouffonneries, malgré le sçavoir qui y est répandu.

Je ne crois pas que nous ayons besoin de modeles pour notre récitatif, nos chœurs, & nos airs de Ballet. MM. *Lulli* & *Rameau* seront à l'avenir nos Auteurs classiques pour ces différens genres, sur-tout M. *Rameau* pour les airs de Ballet. Je sens la joie yvre des vendangeurs du Ballet de Platée. Je cause avec ses menuets des Indes galantes; il me semble sur-tout entendre dans le majeur une conversation animée pendant laquelle une replique n'attend pas l'autre. Enfin je trouve plus de pensées dans les ouvrages de Musique de ce grand génie, que dans toutes les brochures d'un bel esprit à la mode, qui fait le métier de penser.

On nous oppose, avec quelque apparence, que notre Chant n'a que nous de partisans en Europe; peut-être ce goût exclusif n'est-il chez l'étranger que l'effet de l'habitude & du préjugé.

Avant *Lulli*, les seuls Italiens chantoient en Europe. L'Italie étoit alors le magasin des Arts, & principalement de la Musique. Nous y puisâmes comme le reste de l'Europe ; mais nous nous apperçûmes bien-tôt qu'il y avoit dans notre Langue une noblesse, une tournure de sentiment propre à notre caractere particulier, dont la peinture nous feroit plaisir, & que la modulation Italienne ne rendoit pas ; & c'est-là l'origine de notre schisme. Peu-à-peu nos Compositeurs en sont venus au point de nous toucher par l'expression fidele des nuances de nos passions ; ils ont rendu jusqu'à cette fleur de galanterie, dont notre nation a été long-tems en droit de se piquer. Ils ont trouvé le chemin du cœur, nous ont ému ; ils nous plaisent. Serions-nous sages de négliger les plaisirs réels qui nous viennent de leurs travaux, pour chercher ceux que nous procureroit la Musique Italienne, qui seroient sûrement toujours équivoques pour nous ?

Une autre raison de la préférence que l'étranger donne au Chant Italien sur le nôtre, c'est qu'il est agréable même, étant isolé des paroles ; il n'emprunte rien d'elle, comme il ne leur prête rien. Chez nous au contraire un air dénué des paroles pour lesquelles il a été fait, ressemble à un trait d'harmonie privé de sa basse fondamentale. Or dans la supposition d'un Amateur, qui ignore les deux Langues, & qui veut choisir, il n'y a point de doute que le Chant Italien ne doive être préféré.

Nous garderons le nôtre, Madame; il continuera de faire une de nos richesses; & nous regarderons ceux qui nous proposeront de l'abandonner, comme les Anglois regarderoient un homme qui leur conseilleroit de quitter leur langue maternelle, pour n'étudier que la langue Françoise, parce que celle-ci est devenue la langue des traités, & de la plûpart des Cours de l'Europe.

Liste des Morts & des Blessés.

Du côté des François.   Du côté des Italiens.

Morts.

Acis & Galathée.   La finta Cameriera.
Le Prologue des Fêtes   La Dona superba.
   de l'Eté.   La Scaltra governatrice.
Aréthuse.
Le Ballet de Tempé.

Blessés.

Titon & Aurore.

On ne sçauroit répondre de la parfaite exactitude de cette liste, il faut attendre des mémoires plus exacts. Il court un bruit que le Ballet de Tempé n'est point mort; mais que sa chûte lui a procuré un étourdissement violent qui ne sera pas mortel.

  Le Ballet de Titon a reçu deux profondes blessures, l'une dans son corps d'harmonie, l'autre dans la partie de l'invention. Le goût a un peu souffert de la démarche qu'il a faite, en voulant concilier les deux Musiques.

FIN.

www.ingramcontent.com/pod-product-compliance
Lightning Source LLC
Chambersburg PA
CBHW030111230526
45471CB00003B/1361